PAPA FRANCISCO

CONSTITUIÇÃO APOSTÓLICA

VULTUM DEI QUAERERE

SOBRE A VIDA CONTEMPLATIVA
FEMININA

Direção-geral: *Bernadete Boff*

Editora responsável: *Maria Goretti de Oliveira*

1ª edição – 2016
2a reimpressão – 2017

Paulinas
Rua Dona Inácia Uchoa, 62
04110-020 – São Paulo – SP (Brasil)
Tel.: (11) 2125-3500
http://www.paulinas.org.br
editora@paulinas.com.br
Telemarketing e SAC: 0800-7010081

LISTA DE SIGLAS

CD *Christus Dominus*, Decreto sobre o múnus pastoral dos Bispos na Igreja, Concílio Vaticano II

CIC *Codex Iuris Canonici:* Código de Direito Canônico

CNos *Congregavit nos in unum Christi amor*, documento da Congregação para Institutos de Vida Consagrada e Sociedades de Vida Apostólica

EdE *Ecclesia de Eucharistia*, Carta Encíclica sobre a Eucaristia na sua relação com a Igreja, João Paulo II

EG *Evangelii Gaudium*, Exortação Apostólica sobre o anúncio do Evangelho no mundo atual, Papa Francisco

GS *Gaudium et Spes*, Constituição Pastoral sobre a Igreja no mundo atual, Concílio Vaticano II

LG *Lumen Gentium*, Constituição Dogmática sobre a Igreja, Concílio Vaticano II

MD *Mulieris Dignitatem*, Carta Apostólica sobre a dignidade e a vocação da mulher, por ocasião do ano mariano, João Paulo II

MV *Misericordiae Vultus*, Bula de proclamação do Jubileu Extraordinário da Misericórdia, Papa Francisco

NMI *Novo Millennio Ineunte*, Carta Apostólica no término do grande Jubileu do Ano 2000, João Paulo II

OL *Orientale Lumen*, Carta Apostólica por ocasião do centenário da *Orientalium Dignitas*, João Paulo II

PC *Perfectae Caritatis*, Decreto sobre a conveniente renovação da vida religiosa, Concílio Vaticano II

PO *Presbyterorum Ordinis*, Decreto sobre o ministério e a vida dos sacerdotes, Concílio Vaticano II

SC *Sacrosanctum Concilium*, Constituição Conciliar sobre a Sagrada Liturgia, Concílio Vaticano II

VC *Vita Consecrata*, Exortação Apostólica pós-sinodal sobre a vida consagrada e a sua missão na Igreja e no mundo, João Paulo II

VD *Verbum Domini*, Exortação Apostólica pós-sinodal sobre a Palavra de Deus na vida e na missão da Igreja, Bento XVI

1. A BUSCA DO ROSTO DE DEUS permeia a história da humanidade, desde sempre chamada a um diálogo de amor com o Criador.[1] De fato, o homem e a mulher possuem uma irrenunciável dimensão religiosa que orienta o seu coração para a busca do Absoluto, para Deus, de quem reconhecem – nem sempre conscientemente – a necessidade. Essa busca irmana a todos os seres humanos de boa vontade. E muitos que se professam não crentes confessam também este anseio profundo do coração, que habita e anima cada homem e cada mulher desejosos de felicidade e plenitude, apaixonados e nunca saciados de alegria.

Santo Agostinho expressou-o, de forma eloquente, nas *Confissões*: "Fizeste-nos para ti e o nosso coração não descansa enquanto não repousar em ti".[2] Uma inquietação do coração que nasce da profunda intuição de que é Deus o primeiro a procurar o homem, atraindo-o misteriosamente para si.

A dinâmica da busca atesta que ninguém basta a si mesmo e impõe à pessoa um êxodo do próprio eu em que está autocentrada para, à luz da fé, se pôr a caminho atraída simultaneamente pelo rosto do Deus santo e

---

1 GS, n. 19.

2 *Confissões I*, 1, 1: PL 32, 661.

pela "terra sagrada do outro",[3] para experimentar uma comunhão mais profunda.

Essa peregrinação à procura do Deus verdadeiro, própria de cada cristão e de cada pessoa consagrada em virtude do Batismo, torna-se, por ação do Espírito Santo, *sequela pressius Christi*, caminho de configuração com Cristo Senhor, que se expressa com singular eloquência pela consagração religiosa e, de modo particular, pela vida monástica, considerada, desde as suas origens, como uma maneira especial de atuação do Batismo.

2. As pessoas consagradas, que, em virtude da própria consagração, "seguem o Senhor de uma maneira especial, de modo profético",[4] são chamadas a descobrir os sinais da presença de Deus na vida diária e a se tornarem interlocutoras sábias, capazes de reconhecer os interrogativos que Deus e a humanidade nos põem. O grande desafio para cada consagrado e cada consagrada consiste em ser capaz de continuar a procurar Deus, "com os olhos da fé, num mundo que ignora a sua presença",[5] repropondo ao homem e à mulher de hoje a vida casta, pobre e obediente de Jesus como sinal

---

[3] EG, n. 169.

[4] FRANCISCO, Carta Apostólica *A todos os consagrados por ocasião do Ano da Vida Consagrada* (21/11/2014), II, 2: AAS 106 (2014), 941.

[5] VC, n. 68.

credível e fiável, tornando-se, assim, "uma 'exegese' viva da Palavra de Deus".[6]

Desde o nascimento da vida de especial consagração na Igreja, homens e mulheres, chamados por Deus e dele enamorados, viveram a sua existência totalmente orientados para a busca do seu rosto, desejosos de encontrar e contemplar a Deus no coração do mundo. A presença de comunidades colocadas como cidades no alto do monte e candeias sobre o candelabro (Mt 5,14-15), mesmo na sua simplicidade de vida, representa visivelmente a meta para onde caminha a comunidade eclesial inteira, que "avança pelas estradas do tempo com o olhar fixo na futura recapitulação de tudo em Cristo",[7] preanunciando, assim, a glória celeste.[8]

3. Se as palavras de Pedro "Senhor, é bom ficarmos aqui" (Mt 17,4) são muito significativas para todos os consagrados, todavia adquirem uma ressonância especial nas pessoas contemplativas, que, em profunda comunhão com todas as outras vocações da vida cristã, são "raios da única luz de Cristo 'que resplandece no rosto da Igreja'"[9] e, "pelo seu carisma específico, dedicam boa parte das suas jornadas a imitar a Mãe

---

[6] VD, n. 83.

[7] VC, n. 59.

[8] CIC, cân. 573 § 1.

[9] VC, n. 16.

de Deus, que meditava assiduamente as palavras e os fatos do seu Filho (cf. Lc 2,19.51), e Maria de Betânia, que, sentada aos pés do Senhor, escutava a sua palavra (cf. Lc 10,38)".[10] Dessa maneira, a sua vida "escondida com Cristo em Deus" (Cl 3,3) torna-se figura do amor incondicional do Senhor, o primeiro contemplativo, indica a tensão cristocêntrica de toda a sua vida até poderem dizer, com o Apóstolo, "para mim, de fato, viver é Cristo" (Fl 1,21), e exprime o caráter totalizante que constitui o dinamismo profundo da vocação à vida contemplativa.[11]

Como homens e mulheres que habitam na história humana, os contemplativos, atraídos pelo esplendor de Cristo, "o mais belo dos homens" (Sl 45,3), situam-se no coração da Igreja e do mundo[12] e encontram, na busca sempre inacabada de Deus, o principal sinal e critério da autenticidade da sua vida consagrada. São Bento, o pai do monaquismo ocidental, sublinha que o monge é aquele que procura Deus durante toda a vida, e pede para verificar, no aspirante à vida monástica, "*si revera Deum quaerit* – se verdadeiramente busca Deus".[13]

---

[10] VD, n. 83.

[11] VC, n. 18.

[12] LG, n. 44; VC, n. 3.29.

[13] SÃO BENTO, *Regra*, 58, 7.

De modo particular, inúmeras mulheres consagradas, no decurso dos séculos até os nossos dias, orientaram e continuam orientando "toda a sua vida e atividade para a contemplação de Deus",[14] como sinal e profecia da Igreja virgem, esposa e mãe; sinal vivo e memória da fidelidade com que Deus, através dos acontecimentos da história, continua a sustentar o seu povo.

4. A vida monástica, elemento de unidade com as outras confissões cristãs,[15] configura-se como estilo próprio que é profecia e sinal e que "pode e deve atrair fortemente todos os membros da Igreja a corresponderem prontamente às exigências da vocação cristã".[16] As comunidades de pessoas orantes, e de modo particular as contemplativas, "que, sob a forma de separação do mundo, se encontram mais intimamente unidas a Cristo, coração do mundo",[17] não propõem uma realização mais perfeita do Evangelho, mas, implementando as exigências do Batismo, constituem uma instância de discernimento e convocação a serviço de toda a Igreja: sinal que indica um caminho, uma busca, lembrando a todo o povo de Deus o sentido primeiro e último daquilo que ele vive.[18]

---

[14] VC, n. 8.

[15] OL, n. 9.

[16] LG, n. 44.

[17] VD, n. 83.

[18] PC, n. 5.

Estima, louvor e ação de graças pela vida consagrada e a vida contemplativa monástica

5. Desde os primeiros séculos a Igreja manifestou grande estima e amor sincero pelos homens e mulheres que, dóceis à chamada do Pai e à moção do Espírito, escolheram seguir Cristo "mais de perto",[19] para se dedicar a ele de coração indiviso (1Cor 7,34). Movidos por um amor incondicional a Cristo e à humanidade, sobretudo aos pobres e aos doentes, são chamados a reproduzir nas várias formas – virgens consagradas, viúvas, eremitas, monges e religiosos – a vida terrena de Jesus casto, pobre e obediente.[20]

A vida contemplativa monástica, em grande parte enunciada ao feminino, enraizou-se no silêncio do claustro, gerando preciosos frutos de graça e misericórdia. A vida contemplativa feminina representou sempre, na Igreja e para a Igreja, o coração orante, guardião de gratuidade e rica fecundidade apostólica, e foi testemunha visível de misteriosa e multiforme santidade.[21]

Partindo da primitiva experiência individual das virgens consagradas a Cristo, desabrochada como fruto espontâneo da exigência de uma resposta de amor ao

---

[19] Ibidem, n. 1.

[20] VC, n. 14.

[21] LG, n. 46; CD, n. 35; PC, n. 7.9; CIC, cân. 674.

amor de Cristo-Esposo, rapidamente se passou a um estado definido e a uma ordem reconhecida pela Igreja, que começou a receber a profissão de virgindade emitida publicamente. Com o passar dos séculos, a maior parte das virgens consagradas acabou por reunir-se, criando formas de vida cenobítica que a Igreja, na sua solicitude, teve o cuidado de preservar com uma disciplina adequada, na base da qual se previa a clausura como salvaguarda do espírito e da finalidade decididamente contemplativa que esses cenóbios se propunham. Assim, no decorrer do tempo, através da sinergia entre a ação do Espírito – que age no coração dos crentes e sempre suscita novas formas de discipulado – e o cuidado materno e solícito da Igreja, modelaram-se as formas de vida contemplativa e integralmente contemplativa,[22] tal como as conhecemos hoje. Enquanto no Ocidente o espírito contemplativo se concretizou em uma multiplicidade de carismas, no Oriente manteve uma grande unidade,[23] dando sempre e em todo o caso testemunho da riqueza e beleza de uma vida inteiramente dedicada a Deus.

Ao longo dos séculos, a experiência dessas irmãs, centrada no Senhor como primeiro e único amor (Os 2,21-25), gerou abundantes frutos de santidade e missão.

---

[22] CIC, cân. 667, § 2-3.

[23] OL, n. 9.

Quanta eficácia apostólica se irradia dos mosteiros através da oração e da imolação! Quanta alegria e profecia grita ao mundo o silêncio dos claustros!

Pelos frutos de santidade e graça que o Senhor sempre suscitou através da vida monástica feminina, erguemos ao "altíssimo, onipotente e bom Senhor" o hino de agradecimento "Louvado sejais".[24]

6. Sem vós, queridas irmãs contemplativas, o que seria da Igreja e daqueles que vivem nas periferias humanas e trabalham nos postos avançados da evangelização? A Igreja olha com muito apreço a vossa vida inteiramente doada. A Igreja conta com a vossa oração e imolação para levar aos homens e às mulheres do nosso tempo a boa notícia do Evangelho. A Igreja precisa de vós!

Não é fácil que este mundo – pelo menos a grande parte dele que obedece a lógicas de poder, riqueza e consumo – compreenda a vossa vocação especial e a vossa missão escondida, e, contudo, tem uma necessidade imensa dela. Como o marinheiro no mar alto precisa do farol que indique a rota para chegar ao porto, do mesmo modo o mundo tem necessidade de vós. Sede faróis para os que estão perto e, sobretudo, para os afastados. Sede tochas que acompanham o caminho dos homens

---

[24] FRANCISCO DE ASSIS, *Cântico das criaturas*, 1: Fontes Franciscanas (FF) 263.

e mulheres na noite escura do tempo. Sede sentinelas da manhã (Is 21,11-12) que anunciam o nascer do sol (Lc 1,78). Com a vossa vida transfigurada e com palavras simples ruminadas no silêncio, indicai-nos aquele que é o caminho, a verdade e a vida (Jo 14,6), o único Senhor que oferece plenitude à nossa existência e dá vida em abundância (Jo 10,10). Gritai-nos como André a Simão: "Encontramos o Cristo!" (Jo 1,40); anunciai, como Maria Madalena na manhã da ressurreição: "Eu vi o Senhor!" (Jo 20,18). Mantende viva a profecia da vossa existência doada. Não tenhais medo de viver a alegria da vida evangélica segundo o vosso carisma.

Acompanhamento e orientação da Igreja

7. O magistério conciliar e pontifício sempre manifestou uma solicitude particular por todas as formas de vida consagrada, através de pronunciamentos importantes. Dentre eles, merecem uma atenção particular os grandes documentos do Concílio Vaticano II: a Constituição Dogmática sobre a Igreja *Lumen Gentium* e o Decreto sobre a renovação da vida religiosa *Perfectae Caritatis*.

O primeiro situa a vida consagrada dentro da eclesiologia do povo de Deus, a que pertence de pleno título pela vocação comum à santidade e pelas suas raízes na consagração batismal.[25] O segundo pede aos consagrados uma renovação adequada às novas condições dos tempos, apontando os critérios irrenunciáveis para tal renovação: fidelidade a Cristo, ao Evangelho, ao próprio carisma, à Igreja e ao homem de hoje.[26]

Não podemos esquecer a Exortação Apostólica pós-sinodal *Vita Consecrata*, do meu predecessor São João Paulo II. Esse documento, que recolhe a riqueza do Sínodo dos Bispos sobre a vida consagrada, contém elementos valiosos para continuar a renovação da vida consagrada e revigorar o seu significado evangélico no nosso tempo (vejam-se, sobretudo, os n. 59 e 68).

E, como prova do acompanhamento constante e esclarecedor de que foi objeto a vossa vida contemplativa, não podemos esquecer também os seguintes documentos:

– As Normas diretivas emanadas pela Congregação para os Institutos de Vida Consagrada e Sociedades de Vida Apostólica (CIVCSVA) *Potissimum institutioni*, de 2 de fevereiro de 1990, em boa parte dedicadas à vossa forma especificamente contemplativa de vida consagrada (cap. IV, 78-85).

---

[25] LG, n. 44.

[26] Idem; PC, n. 2.

- O documento interdicasterial *Sviluppi*, de 6 de janeiro de 1992, que assinala o problema da escassez de vocações à vida consagrada em geral e, em grau menor, à vossa (n. 81).

- O *Catecismo da Igreja Católica* – promulgado com a Constituição Apostólica *Fidei Depositum*, de 11 de outubro de 1992 – importantíssimo para dar a conhecer e fazer compreender a todos os fiéis a vossa forma de vida: em particular, os n. 915-933, dedicados a todas as formas; o n. 1672, sobre a vossa consagração não sacramental e sobre a bênção dos abades e abadessas; o n. 1974, juntamente com o 2102, sobre a ligação entre os Dez Mandamentos e a profissão dos Conselhos Evangélicos; o n. 2518, que apresenta o vínculo estreito entre a pureza do coração proclamada pela sexta bem-aventurança, garante da visão de Deus, e o amor às verdades da fé; os n. 1691 e 2687, que exaltam a perseverante intercessão elevada a Deus nos mosteiros contemplativos, lugares insubstituíveis para se harmonizar oração pessoal com oração partilhada; e o n. 2715, que indica, como prerrogativa dos contemplativos, o olhar fixo em Jesus e nos mistérios da sua vida e do seu ministério.

– A Instrução da CIVCSVA *Congregavit nos*, de 2 de fevereiro de 1994, que nos n. 10 e 34 liga o silêncio e a solidão com as exigências profundas da comunidade de vida fraterna e sublinha a coerência entre separação do mundo e clima diário de recolhimento.

– A Instrução da CIVCSVA *Verbi Sponsa Ecclesia*, de 13 de maio de 1999, que, nos art. 1-8, oferece uma síntese histórico-sistemática admirável de todo o magistério supremo anterior sobre o sentido missionário e escatológico da vida claustral das monjas contemplativas.

– Finalmente, a Instrução da CIVCSVA *Partir de Cristo*, de 19 de maio de 2002, que convida com insistência a contemplar sempre o rosto de Cristo; apresenta as monjas e os monges no centro do louvor coral e da oração silenciosa da Igreja (n. 25) e, ao mesmo tempo, louva-os por terem sempre privilegiado e posto no centro a Liturgia das Horas e a celebração eucarística (n. 25).

8. À distância de cinquenta anos do Concílio Vaticano II, depois das devidas consultas e atento discernimento, considerei necessário oferecer à Igreja, com particular referência aos mosteiros de rito latino, a presente Constituição Apostólica, em que se tem em conta tanto o intenso e fecundo caminho percorrido pela própria Igreja nas últimas décadas, à luz dos ensinamentos do Concílio Ecumênico Vaticano II, quanto as novas condições socioculturais. Este período registrou um rápido progresso da história humana: com ela, é oportuno tecer um diálogo, mas que salvaguarde os valores fundamentais sobre os quais está fundada a vida contemplativa, que, através das suas instâncias de silêncio, escuta, apelo à interioridade, recolhimento, pode e deve constituir um desafio para a mentalidade atual.

Com este Documento desejo reiterar o meu apreço pessoal, juntamente com o grato reconhecimento de toda a Igreja, pela singular forma de *sequela Christi* que praticam as monjas de vida contemplativa, e para muitas delas vida integralmente contemplativa, dom inestimável e irrenunciável que o Espírito Santo continua a suscitar na Igreja.

Nos casos em que se torne necessário ou pelo menos oportuno, a Congregação para os Institutos de Vida Consagrada e Sociedades de Vida Apostólica examinará as questões e estabelecerá acordos com a Congregação para a Evangelização dos Povos e a Congregação para as Igrejas Orientais.

Elementos essenciais da vida contemplativa

9. Desde os primeiros séculos até os nossos dias, alternando-se períodos de grande vigor com outros de declínio, a vida contemplativa manteve-se sempre viva na Igreja, graças à presença constante do Senhor e à capacidade própria de a Igreja se renovar e adaptar às mudanças da sociedade: aquela, como seu elemento específico e característico, manteve sempre viva a busca do rosto de Deus e o amor incondicional a Cristo.

A vida consagrada é uma história de amor apaixonado pelo Senhor e pela humanidade: na vida contemplativa, esta história constrói-se, dia após dia, através da busca apaixonada do rosto de Deus, na relação íntima com ele. A Cristo Senhor, que "nos amou primeiro" (1Jo 4,19) e "se entregou a Deus por nós" (Ef 5,2), vós, mulheres contemplativas, respondeis com a oferta de toda a vossa vida, vivendo nele e para ele, "para louvor da sua glória" (Ef 1,12). Nessa dinâmica de contemplação sois voz da Igreja que incansavelmente louva, agradece, geme e suplica por toda a humanidade e, com a vossa oração, sois colaboradoras do próprio Deus e reergueis os membros vacilantes do seu corpo inefável.[27]

---

[27] CLARA DE ASSIS, *III Carta a Santa Inês da Boêmia*, 8: FF 2886.

A partir da oração pessoal e comunitária, descobris o Senhor como tesouro da vossa vida (Lc 12,34), o vosso bem, "todo o bem, o sumo bem", a vossa "riqueza suficiente"[28] e, seguras na fé de que "só Deus basta",[29] escolhestes a melhor parte (Lc 10,42). Entregastes a vossa vida, com o vosso olhar fixo no Senhor, retirando-vos na cela do vosso coração (Mt 6,6), na solidão habitada do claustro e na vida fraterna em comunidade. Assim, vós sois imagem de Cristo que procura o encontro com o Pai no monte (Mt 14,23).

10. A Igreja, ao longo dos séculos, sempre nos indicou Maria como *summa contemplatrix*.[30] Da anunciação até a ressurreição, passando pela peregrinação da fé que culminou ao pé da cruz, Maria permanece em contemplação do Mistério que a habita. Em Maria, vislumbramos o itinerário místico da pessoa consagrada, estabelecida na sabedoria humilde que saboreia o mistério do cumprimento final.

Seguindo o exemplo da Virgem Mãe, o contemplativo é a pessoa centrada em Deus, é aquele para quem Deus é o *unum necessarium* (Lc 10,42), perante o qual

---

[28] FRANCISCO DE ASSIS, *Louvores ao Deus altíssimo*, 3. 5: FF 261.

[29] TERESA DE ÁVILA, *Obras completas. Poesias*, Burgos, Editorial Monte Carmelo, 2011, 1368.

[30] DIONÍSIO, O CARTUXO, *Enarrationes in cap. 3 Can. Cant.* XI, 6, in *Doctoris Ecstatici D. Dionysii Cartusiani Opera Omnia*, VII, Monstrolii, Typis Cartusiae, 1898, 361.

tudo se redimensiona, porque visto com novos olhos. A pessoa contemplativa compreende a importância das coisas, mas estas não lhe roubam o coração nem bloqueiam a sua mente; antes, pelo contrário, servem-lhe de escada para chegar a Deus: para ela, tudo "é portador de significado"[31] do Altíssimo. Quem mergulha no mistério da contemplação vê com olhos espirituais: isto lhe permite contemplar o mundo e as pessoas com o olhar de Deus, diversamente de outros que "têm olhos e não veem" (Sl 115,5; 135,16; cf. Jr 5,21), porque contemplam com os olhos da carne.

11. Assim, contemplar é possuir em Cristo Jesus, que tem o rosto constantemente voltado para o Pai (Jo 1,18), um olhar transfigurado pela ação do Espírito, um olhar em que floresce o encanto por Deus e suas maravilhas; é possuir uma mente límpida, onde ressoam as vibrações do Verbo e a voz do Espírito como sopro de brisa suave (1Rs 19,12). Não é por acaso que a contemplação nasce da fé, que por sua vez é porta e fruto da contemplação: somente através do "eis-me aqui" (Lc 1,38) confiante é que se pode entrar no Mistério.

Nesta quietude silenciosa e enlevada da mente e do coração podem-se insinuar várias tentações, pelo que a vossa contemplação pode tornar-se campo de batalha espiritual, que sustentais corajosamente em nome e

---

[31] FRANCISCO DE ASSIS, *Cântico das criaturas*, 4: FF 263.

benefício da Igreja inteira, que sabe que sois sentinelas fiéis, fortes e tenazes na luta. Dentre as tentações mais insidiosas para um contemplativo, lembramos a designada pelos Padres do Deserto como "demônio do meio-dia": é a tentação que desemboca na apatia, na rotina, na desmotivação, na preguiça paralisadora. Isto, como escrevi na Exortação Apostólica *Evangelii Gaudium*, lentamente leva à "psicologia do túmulo, que pouco a pouco transforma os cristãos em múmias de museu. Desiludidos com a realidade, com a Igreja ou consigo mesmos, vivem constantemente tentados a apegar-se a uma tristeza melosa, sem esperança, que se apodera do coração como 'o mais precioso elixir do demônio'".[32]

Temas objeto de discernimento e de revisão dispositiva

12. Para ajudar as contemplativas a alcançarem o fim próprio da sua vocação específica, descrito acima, convido a refletir e discernir sobre os doze temas seguintes da vida consagrada em geral e, em particular, da tradição monástica: formação, oração, Palavra de Deus, Eucaristia e Reconciliação, vida fraterna em comunidade, autonomia, federações, clausura, trabalho, silêncio, meios de comunicação e ascese. Esses temas serão depois implementados segundo modalidades

---

[32] EG, n. 83.

apropriadas às tradições carismáticas específicas das várias famílias monásticas, em harmonia com as disposições da última parte da presente Constituição e com as indicações particulares de aplicação que serão fornecidas, logo que possível, pela Congregação para os Institutos de Vida Consagrada e Sociedades de Vida Apostólica.

Formação

13. A formação da pessoa consagrada é um itinerário que deve levar à configuração com o Senhor Jesus e à assimilação dos seus sentimentos na sua oblação total ao Pai; trata-se de um processo que nunca termina e cujo objetivo é atingir em profundidade a pessoa por inteiro, de modo que cada atitude e gesto revele a plena e jubilosa pertença a Cristo e, por isso, requer a contínua conversão a Deus. Tal itinerário visa formar o coração, a mente e a vida, facilitando a integração das dimensões humana, cultural, espiritual e pastoral.[33]

Em particular, a formação da pessoa consagrada contemplativa tende a uma harmoniosa condição de comunhão com Deus e com as irmãs, dentro de um clima de silêncio protegido pela clausura diária.

14. Deus Pai é o formador por excelência, mas neste trabalho "artesanal" serve-se de mediações

[33] VC, n. 65; CIC, cân. 664.

humanas, os formadores e formadoras, irmãs e irmãos mais velhos, cuja missão principal é "mostrar a beleza do seguimento do Senhor e o valor do carisma em que isso se concretiza".[34]

A formação, sobretudo a permanente, que é uma "exigência intrínseca à consagração religiosa",[35] tem o seu húmus na comunidade e na vida diária. Por esse motivo, lembrem-se as irmãs de que o lugar ordinário onde tem lugar o percurso formativo é o mosteiro e que a vida fraterna em comunidade deve, em todas as suas manifestações, favorecer tal percurso.

15. Dado o contexto sociocultural e religioso atual, os mosteiros prestem grande atenção ao discernimento vocacional e espiritual, sem se deixarem tomar pela tentação do número e da eficiência;[36] garantam um acompanhamento personalizado das candidatas e promovam percursos formativos adequados, considerando que, à formação inicial e à formação depois da profissão temporária, "deve-se reservar um período de

---

[34] Ibidem, n. 66.

[35] Ibidem, n. 69; cf. CIC, cân. 661.

[36] CONGREGAÇÃO PARA OS INSTITUTOS DE VIDA CONSAGRADA E SOCIEDADES DE VIDA APOSTÓLICA, Instrução *Partir de Cristo. Um renovado compromisso da vida consagrada no Terceiro Milênio* (19/05/2002), 18.

tempo suficientemente amplo",[37] na medida do possível não inferior a nove anos nem superior a doze.[38]

Oração

16. A oração litúrgica e pessoal é uma necessidade fundamental para alimentar a vossa contemplação: se "a oração é o 'cerne' da vida consagrada",[39] por maior razão o é da vida contemplativa. Hoje, muitas pessoas não sabem rezar. Muitas simplesmente não sentem a necessidade de rezar, ou reduzem o seu relacionamento com Deus a uma súplica nos momentos de provação, quando não sabem para quem se voltar. Outras reduzem a sua oração a um simples louvor nos momentos de felicidade. Ao rezar e cantar os louvores do Senhor com a Liturgia das Horas, dais voz também a essas pessoas e, como fizeram os profetas, intercedeis pela salvação de todos.[40] A oração pessoal ajudar-vos-á a permanecer unidas ao Senhor, como os ramos à videira, e assim a vossa vida dará fruto em abundância (Jo 15,1-15). Lembrai-vos, porém, de que a vida de oração e a vida contemplativa não podem ser vividas como uma espécie de retirada, fechando-vos em vós mesmas, mas devem

---

[37] VC, n. 65.

[38] CIC, cân. 648, § 1 e 3; cân. 657, § 2.

[39] FRANCISCO, *Saudação no final da Santa Missa* (02/02/2016): L'Osservatore Romano (04/02/2016), 6; cf. CIC cân. 673.

[40] SC, n. 83; CIC, cân. 1173 e 1174, § 1.

dilatar o coração para abraçar a humanidade inteira, especialmente aquela que sofre.

Mediante a oração de intercessão, tendes um papel fundamental na vida da Igreja. Rezai e intercedei por tantos irmãos e irmãs presos, migrantes, refugiados e perseguidos, por tantas famílias feridas, pelas pessoas sem trabalho, pelos pobres, pelos doentes, pelas vítimas das várias dependências, limitando-me a citar algumas situações que se tornam, de dia para dia, mais urgentes. Sois como aquelas pessoas que trouxeram um paralítico à presença do Senhor, para que o curasse (Mc 2,1-12). Através da oração, dia e noite, aproximais do Senhor a vida de tantos irmãos e irmãs que, por variadas situações, não o podem alcançar para experimentar a sua misericórdia reparadora, enquanto ele os espera para lhes conceder a graça. Com a vossa oração podeis curar as chagas de tantos irmãos.

A contemplação de Cristo tem, na Virgem Maria, o seu modelo insuperável. O rosto do Filho pertence-lhe por título singular. Mãe e Mestra de perfeita configuração com o Filho, mediante a sua presença exemplar e materna serve-nos de grande apoio na fidelidade diária a uma oração (At 1,14) peculiarmente filial.[41]

---

[41] BENTO XVI, *Catequese* (28/12/2011): *Insegnamenti* VII/2 (2011), 980-985; CIC, cân. 663 § 4; CONGREGAÇÃO PARA OS INSTITUTOS DE VIDA CONSAGRADA E SOCIEDADES DE VIDA APOSTÓLICA, Instrução *O serviço da autoridade e a obediência* (11/05/2008), 31.

17. O livro do Êxodo mostra-nos como Moisés, com a sua oração, decide o destino do seu povo, garantindo a vitória deste sobre o inimigo quando ele consegue manter elevados os braços invocando a ajuda do Senhor (Ex 17,11). Esse texto parece-me uma imagem muito expressiva da força e eficácia da vossa oração em favor da humanidade inteira e da Igreja, especialmente dos seus membros mais vulneráveis e necessitados. Hoje, como então, podemos pensar que o destino da humanidade se decide no coração orante e nos braços levantados das contemplativas. É por isso que vos exorto a ser fiéis, segundo as vossas Constituições, tanto à oração litúrgica como à oração pessoal, que é preparação e prolongamento daquela. Exorto-vos a "nada antepor à *opus Dei*",[42] para que nada vos obstaculize, nada vos separe, nada se interponha no vosso ministério orante.[43] Desse modo, através da contemplação, transformar-vos-eis na imagem de Cristo,[44] e as vossas comunidades tornar-se-ão verdadeiras escolas de oração.

18. Tudo isso requer uma espiritualidade baseada na Palavra de Deus, na força da vida sacramental, na doutrina do Magistério da Igreja e nos escritos dos vossos fundadores e fundadoras; uma espiritualidade

---

[42] SÃO BENTO, *Regra*, 43, 3.

[43] FRANCISCO DE ASSIS, *Regra não Selada*, XXIII, 31: FF 71.

[44] CLARA DE ASSIS, *III Carta a Santa Inês da Boêmia*, 12.13: FF 2888.

que vos torne filhas do céu e filhas da terra, discípulas e missionárias, segundo o vosso estilo de vida. Além disso, requer também uma formação progressiva na vida de oração pessoal e litúrgica, e na própria contemplação, sem esquecer que esta se alimenta principalmente da "escandalosa beleza" da Cruz.

Centralidade da Palavra de Deus

19. Um dos elementos mais significativos da vida monástica em geral é a centralidade da Palavra de Deus na vida pessoal e comunitária. Sublinha-o São Bento quando pede aos seus monges para escutar de bom grado as santas leituras: *lectiones sanctas libenter audire*.[45] Ao longo dos séculos, o monaquismo foi guardião da *lectio divina*. Dado que, atualmente, ela é recomendada a todo o povo de Deus e pedida a todos os consagrados,[46] vós sois chamadas a fazer dela o alimento da vossa contemplação e da vossa vida diária, para assim poderdes partilhar tal experiência transformadora da Palavra de Deus com os sacerdotes, os diáconos, as outras pessoas consagradas e os leigos. Senti essa partilha como uma verdadeira missão eclesial.

A oração e a contemplação são, sem dúvida, os momentos mais adequados para acolher a Palavra de

---

[45] SÃO BENTO, *Regra*, 4, 55.

[46] VD, n. 86; CIC, cân. 663, § 3.

Deus; ao mesmo tempo, porém, tanto a oração como a contemplação brotam da escuta da Palavra de Deus. Toda a Igreja e particularmente as comunidades integralmente dedicadas à contemplação têm necessidade de redescobrir a centralidade da Palavra de Deus, que – como lembrou o meu predecessor São João Paulo II – é "a primeira fonte de toda a vida espiritual cristã".[47] É necessário que a palavra alimente a vida, a oração, a contemplação, o caminho cotidiano, e se torne princípio de comunhão para as vossas comunidades e fraternidades. Com efeito, elas são chamadas a acolhê-la, meditá-la, contemplá-la, vivê-la em conjunto, comunicando e partilhando os frutos que nascem dessa experiência. Assim, podereis crescer em uma autêntica espiritualidade de comunhão.[48] A esse respeito, exorto-vos a "evitar o risco de uma abordagem individualista, tendo presente que a Palavra de Deus nos é dada precisamente para construir comunhão, para nos unir na Verdade no nosso caminho para Deus. [...] Por isso, o texto sagrado deve-se abordar sempre na comunhão eclesial".[49]

---

[47] VC, n. 94; cf. CIC, cân. 758.

[48] CONGREGAÇÃO PARA OS INSTITUTOS DE VIDA CONSAGRADA E SOCIEDADES DE VIDA APOSTÓLICA, Instrução *Partir de Cristo. Um renovado compromisso da vida consagrada no Terceiro Milênio* (19/05/2002), 25; NMI, n. 43.

[49] VD, n. 86; CIC, cân. 754-755.

20. A *lectio divina* ou “leitura orante da Palavra” é a arte que ajuda a realizar a passagem do texto bíblico à vida, é a hermenêutica existencial da Sagrada Escritura, graças à qual podemos preencher a distância entre espiritualidade e cotidianidade, entre fé e vida. O processo posto em prática pela *lectio divina* pretende levar-nos da escuta ao conhecimento, e do conhecimento ao amor.

Hoje, graças ao movimento bíblico que ganhou nova força sobretudo depois da promulgação da Constituição Dogmática *Dei Verbum*, do Concílio Vaticano II, é proposta a todos uma constante aproximação à Sagrada Escritura através da leitura orante e assídua do texto bíblico, de tal modo que o diálogo com Deus se torne realidade diária do povo de Deus. A *lectio divina* deve ajudar-vos a cultivar um coração dócil, sábio e inteligente (1Rs 3,9.12), para discernir o que vem de Deus e o que pode, pelo contrário, deixar-nos longe dele; deve ajudar-vos a adquirir aquela espécie de instinto sobrenatural que permitiu aos vossos fundadores e fundadoras não se conformarem com a mentalidade deste mundo, mas renovar a própria mente para poderem “distinguir o que é da vontade de Deus, a saber, o que é bom, o que lhe agrada, o que é perfeito” (Rm 12,2).[50]

---

[50] VC, n. 94.

21. Que a vossa jornada, pessoal e comunitária, seja ritmada pela Palavra de Deus. Assim, as vossas comunidades e fraternidades tornar-se-ão escolas em que a Palavra é escutada, vivida e anunciada a quantos vos encontrarem.

Finalmente, não esqueçais que "a *lectio divina* não está concluída, na sua dinâmica, enquanto não chegar à ação (*actio*), que impele a existência do fiel a doar-se aos outros na caridade".[51] Dessa forma, produzirá abundantes frutos no caminho de conformação com Cristo, meta de toda a nossa vida.

Sacramentos da Eucaristia e da Reconciliação

22. A Eucaristia é o sacramento por excelência do encontro com a pessoa de Jesus: nela "está contido todo o tesouro espiritual da Igreja, isto é, o próprio Cristo".[52] Se a Eucaristia constitui o coração da vida de cada batizado e da própria vida consagrada, o é de modo particular da vida contemplativa. Com efeito, a oferta da vossa existência insere-vos de modo particular no mistério pascal de morte e ressurreição que se realiza na Eucaristia. Na verdade, o repartir juntos o pão renova e atualiza o dom de si mesmo cumprido por Jesus, que "se repartiu, e reparte, por nós" e nos

---

[51] VD, n. 87.

[52] PO, n. 5; cf. CIC, cân. 899.

pede que, por nossa vez, "façamos dom de nós mesmos, que nos repartamos pelos outros".[53] Para se cumprir e manifestar vitalmente esse rico mistério, requer-se que a celebração da Eucaristia seja preparada com cuidado, dignidade e sobriedade, e se tome parte nela plenamente, com fé e consciência.

Na Eucaristia, o olhar do coração reconhece Jesus.[54] São João Paulo II lembra-nos: "Contemplar Cristo implica saber reconhecê-lo onde quer que ele se manifeste, com as suas diversas presenças, mas sobretudo no sacramento vivo do seu corpo e do seu sangue. A Igreja vive de Jesus eucarístico, por ele é nutrida, por ele é iluminada. A Eucaristia é mistério de fé e, ao mesmo tempo, 'mistério de luz'. Sempre que a Igreja a celebra, os fiéis podem de certo modo reviver a experiência dos dois discípulos de Emaús: 'seus olhos se abriram, e eles o reconheceram' (Lc 24,31)".[55] Assim, a Eucaristia introduz-nos diariamente no mistério do amor, que é amor esponsal: "Cristo é o Esposo da Igreja, como redentor do mundo. A Eucaristia

---

[53] FRANCISCO, *Homilia na Solenidade do Santíssimo Corpo e Sangue de Cristo* (26/05/2016): L'Osservatore Romano (27-28/05/2016), 8; cf. CIC, cân. 663, § 2.

[54] JOÃO PAULO II, *Homilia na Solenidade do Santíssimo Corpo e Sangue de Cristo* (14/06/2001), 3: AAS 93 (2001), 656.

[55] EdE, n. 6.

é o sacramento da nossa redenção. É o sacramento do Esposo, da Esposa".[56]

Por isso, é louvável a tradição de prolongar a celebração com a adoração eucarística, momento privilegiado para assimilar interiormente o pão da Palavra repartido durante a celebração e continuar a dar ação de graças.

23. Da Eucaristia brota o compromisso de uma contínua conversão, que encontra a sua expressão sacramental na Reconciliação. A celebração pessoal ou comunitária frequente do sacramento da Reconciliação ou Penitência seja para vós uma ocasião privilegiada para contemplar o rosto misericordioso do Pai, Jesus Cristo,[57] para renovar o vosso coração e purificar o vosso relacionamento com Deus na contemplação.

Da jubilosa experiência do perdão recebido de Deus neste sacramento brota a graça de nos tornarmos profetas e ministros de misericórdia e instrumentos de reconciliação, perdão e paz, profetas e ministros de que o nosso mundo atual tem particularmente necessidade.

Vida fraterna em comunidade

24. A vida fraterna em comunidade é um elemento essencial da vida religiosa em geral e, de modo

---

[56] MD, n. 26.

[57] MV, n. 1; CIC, cân. 664 e 630.

particular, da vida monástica, embora na pluralidade dos carismas.

A relação de comunhão é uma manifestação daquele amor que, brotando do coração do Pai, nos inunda através do Espírito que o próprio Jesus nos dá. Somente tornando visível essa realidade é que a Igreja, família de Deus, pode ser sinal de uma união profunda com ele e oferecer-se como a morada no seio da qual esta experiência é possível e vivificante para todos. Cristo Senhor, chamando alguns a compartilhar a sua vida, forma uma comunidade que torna visível "a capacidade de comunhão dos bens, do afeto fraterno, do projeto de vida e de atividade; capacidade essa que provém do fato de terem acolhido livremente o convite para o seguir mais de perto".[58] A vida fraterna, em virtude da qual os consagrados e as consagradas, seguindo o exemplo das primeiras comunidades cristãs, procuram formar "um só coração e uma só alma" (At 4,32), "torna-se, assim, confissão e sinal da Trindade".[59]

25. A comunhão fraterna é reflexo do modo de ser e doar-se de Deus, é testemunho de que "Deus é amor" (1Jo 4,8.16). A vida consagrada confessa acreditar e viver do amor do Pai, do Filho e do Espírito Santo, e

---

[58] CNos, n. 10.

[59] VC, n. 21.

por isso a comunidade fraterna torna-se reflexo da graça do Deus Trindade de Amor.

Ao contrário dos eremitas, que vivem "pelo silêncio da solidão"[60] e gozam também eles de grande estima por parte da Igreja, a vida monástica inclui a vida comunitária em um processo contínuo de crescimento que leve a viver uma autêntica comunhão fraterna, uma *koinonia*. Isso requer que todos os seus membros se sintam construtores da comunidade e não meros usufruidores dos benefícios que dela possam receber. Existe uma comunidade enquanto nasce e se edifica com a contribuição de todos, cada qual segundo os próprios dons, cultivando uma forte espiritualidade de comunhão, que leve a sentir e viver a mútua pertença.[61] Só assim é que a vida comunitária se tornará uma ajuda recíproca na realização da vocação própria de cada um.[62]

26. Vós que abraçastes a vida monástica, lembrai-vos sempre de que os homens e as mulheres do nosso tempo esperam de vós um testemunho de verdadeira comunhão fraterna que mostre, vigorosamente, a uma sociedade marcada por divisões e desigualdades que é possível e bom viver juntos (Sl 133,1), não obstante

---

[60] CIC, cân. 603, § 1.

[61] NMI, n. 43.

[62] PC, n. 15; CIC, cân. 602.

as diferenças entre gerações, diferenças de formação e, às vezes, culturais. Que as vossas comunidades sejam sinais credíveis de que essas diferenças, longe de constituir impedimento à vida fraterna, as enriquecem. Recordai-vos que unidade e comunhão não significam uniformidade, e que se nutrem de diálogo, partilha, ajuda mútua e profunda humanidade, especialmente para com os membros mais frágeis e necessitados.

27. Lembrai-vos, enfim, de que a vida fraterna em comunidade é também a primeira forma de evangelização. "Nisto conhecerão todos que sois os meus discípulos: se vos amardes uns aos outros" (Jo 13,35). Exorto-vos, pois, a não negligenciardes os meios para a consolidar, tal como a propõe e atualiza a Igreja,[63] vigiando constantemente sobre esse aspecto delicado e de não menos importância da vida monástica. Juntamente com a partilha da Palavra e da experiência de Deus e com o discernimento comunitário "podem-se lembrar também a correção fraterna, a revisão de vida e outras formas típicas da tradição. São modos concretos de colocar-se a serviço dos outros e de canalizar para a comunidade os dons que o Espírito abundantemente concede para a sua edificação e missão no mundo".[64]

---

[63] CNos; CIC, cân. 607, § 2; 608; 665 e 699, § 1.

[64] CNos, n. 32; cf. CIC, cân. 619; 630 e 664.

Como disse recentemente, no meu encontro com as pessoas consagradas vindas a Roma para a conclusão do Ano da Vida Consagrada,[65] sede solícitas na solidariedade com as irmãs que o Senhor vos presenteou como dom precioso. Por outro lado, como lembrava São Bento, é fundamental, na vida comunitária, "venerar os idosos e amar os jovens".[66] Também nesta tensão de harmonizar memória e promessa de futuro se enraíza a fecundidade da vida fraterna em comunidade.

A autonomia dos mosteiros

28. A autonomia favorece a estabilidade de vida e a unidade interna de cada comunidade, garantindo as melhores condições para a contemplação. Todavia, tal autonomia não deve significar independência ou isolamento, em especial dos outros mosteiros da mesma Ordem ou da própria família carismática.

29. Conscientes de que "ninguém constrói o futuro isolando-se, nem o faz apenas com as suas próprias forças, mas reconhecendo-se na verdade de uma comunhão que sempre está aberta ao encontro, ao diálogo, à escuta, à ajuda mútua",[67] tende cuidado em defender-vos

---

[65] FRANCISCO, *Discurso aos participantes no Jubileu da Vida Consagrada* (1º/02/2016): L'Osservatore Romano (1-2/02/2016), 8.

[66] SÃO BENTO, *Regra*, IV, 70-71.

[67] FRANCISCO, Carta Apostólica *A todos os consagrados por ocasião do Ano da Vida Consagrada* (21/11/2014), II, 3: AAS 106 (2014), 943.

"da doença de autorreferencialidade"[68] e salvaguardai o valor da comunhão entre os vários mosteiros como caminho que abre ao futuro, modernizando e atualizando, assim, os valores permanentes e codificados da vossa autonomia.[69]

As federações

30. A federação é uma estrutura importante de comunhão entre mosteiros que partilham o mesmo carisma, para que não permaneçam isolados.

Objetivo principal das federações é promover a vida contemplativa nos mosteiros que fazem parte delas, segundo as exigências do seu próprio carisma, e assegurar ajuda na formação permanente e inicial, bem como nas necessidades concretas através do intercâmbio de monjas e da partilha dos bens materiais; em função desses objetivos, elas deverão ser favorecidas e multiplicadas.[70]

A clausura

31. A separação do mundo, necessária para quantos seguem a Cristo na vida religiosa, tem para vós, irmãs contemplativas, uma manifestação particular na

---

[68] Idem.

[69] Ibidem; CIC, cân. 614-615; 628, § 2/1º; 630, § 3; 638, § 4; 684, § 3; 688, § 2; 699, § 2; 708 e 1428, § 1/2º.

[70] CIC, cân. 582 e 684, § 3.

clausura, que é o lugar da intimidade da Igreja-Esposa: "Sinal da união exclusiva da Igreja-Esposa com o seu Senhor, sumamente amado".[71]

A clausura foi codificada em quatro formas e modalidades diferentes:[72] além da clausura comum a todos os institutos religiosos, há três clausuras caraterísticas das comunidades de vida contemplativa, ditas papal, constitucional e monástica. A papal é a clausura "de acordo com as normas dadas pela Sé Apostólica"[73] e "exclui trabalhos externos de apostolado".[74] A clausura constitucional é definida pelas normas das próprias Constituições; e a monástica, embora mantendo o caráter de "uma disciplina mais estrita de clausura"[75] do que a comum, permite associar à função primária do culto divino formas mais amplas de acolhimento e hospitalidade, sempre de acordo com as próprias Constituições. A clausura comum é a menos fechada das quatro.[76]

A pluralidade de modos de observar a clausura dentro da mesma Ordem deve ser considerada uma

---

[71] VC, n. 59.

[72] Idem; CIC, cân. 667.

[73] CIC, cân. 667, § 3.

[74] Ibidem, cân. 674.

[75] Ibidem, cân. 667, § 2.

[76] Ibidem, cân. 667, § 1.

riqueza e não um impedimento à comunhão, harmonizando sensibilidades diferentes em uma unidade superior.[77] A referida comunhão poderá concretizar-se em várias formas de encontro e cooperação, especialmente na formação permanente e inicial.[78]

O trabalho

32. O trabalho é, também para vós, participação na obra que Deus Criador realiza no mundo. Tal atividade coloca-vos em estreita relação com quantos trabalham, responsavelmente, para viver do fruto das suas mãos (Gn 3,19), para contribuir para a obra da criação e servir a humanidade; de modo particular, vos faz ser solidárias com os pobres que não podem viver sem trabalhar e que muitas vezes, mesmo trabalhando, têm necessidade da providencial ajuda dos irmãos.

A fim de que o trabalho não extinga o espírito de contemplação, como nos ensinam os grandes Santos contemplativos, e para que a vossa vida seja uma vida "pobre na realidade e no espírito, a ser vivida laboriosamente na sobriedade",[79] como vos impõe a profissão, com voto solene, do conselho evangélico da

---

[77] JORGE MÁRIO BERGOGLIO, *Intervenção a 13 de outubro de 1994 no Sínodo dos Bispos sobre A vida consagrada e a sua missão na Igreja e no mundo* (transcrita em "Vida Religiosa" 115, n. 7, jul.-set. de 2013).

[78] FRANCISCO, Carta Apostólica *A todos os consagrados por ocasião do Ano da Vida Consagrada* (21/11/2014), II, 3: AAS 106 (2014), 942-943.

[79] CIC, cân. 600.

pobreza, o trabalho deve ser realizado com devoção e fidelidade, sem se deixar condicionar pela mentalidade da eficiência e pelo ativismo da cultura atual. Para vós permaneça ainda e sempre válido o lema da tradição beneditina *ora et labora*, que ensina a encontrar uma relação equilibrada entre a tensão para o Absoluto e o empenho nas responsabilidades diárias, entre a quietude da contemplação e a prontidão no serviço.

O silêncio

33. Na vida contemplativa, de modo particular na vida integralmente contemplativa, considero importante prestar atenção ao silêncio habitado pela presença, como espaço necessário de escuta e *ruminatio* da Palavra e pressuposto para um olhar de fé que capte a presença de Deus na história pessoal, na história dos irmãos e das irmãs que o Senhor vos dá e nas vicissitudes do mundo atual. O silêncio é vazio de vós próprias para dar espaço ao acolhimento; no burburinho interior, não se pode receber nada nem ninguém. A vossa vida integralmente contemplativa requer "tempo e capacidade de fazer silêncio para escutar"[80] Deus e o grito da humanidade. Por isso, cale-se a língua da carne e fale

---

[80] FRANCISCO, *Mensagem para o XLVIII Dia Mundial das Comunicações Sociais* (1º/06/2014): AAS 106 (2014), 114; cf. CNos, n. 10 e 34.

a do Espírito, movida pelo amor que cada uma de vós tem pelo seu Senhor.[81]

Nisso vos sirva de exemplo o silêncio de Maria Santíssima, que pôde acolher a Palavra porque era mulher de silêncio: não um silêncio estéril, vazio, mas, ao contrário, um silêncio cheio, rico. O silêncio da Virgem Mãe é também um silêncio rico de caridade, que predispõe ao acolhimento do outro e dos outros.

Os meios de comunicação

34. Na nossa sociedade, a cultura digital tem uma influência decisiva na formação do pensamento e no modo de se relacionar com o mundo e, em particular, com as pessoas. Esse clima cultural não deixa imunes as comunidades contemplativas. Certamente, esses meios podem ser instrumentos úteis para a formação e a comunicação, mas exorto-vos a um discernimento prudente, para que estejam a serviço da formação para a vida contemplativa e das comunicações necessárias, e não sejam ocasião de dissipação ou evasão da vida fraterna em comunidade, nem de dano para a vossa vocação, nem de obstáculo para a vossa vida inteiramente dedicada à contemplação.[82]

---

[81] CLARA DE ASSIS, *IV Carta a Santa Inês da Boêmia*, 35: FF 2908.

[82] CIC, cân. 666.

A ascese

35. Juntamente com todos os meios que a Igreja propõe para o autodomínio e a purificação do coração, a ascese leva também a libertar-nos de tudo o que é próprio da "mundanidade" para viver a lógica do Evangelho, que é lógica de dom, especialmente dom de si mesmo, como exigência de resposta ao primeiro e único amor da vossa vida. Dessa forma, podereis dar resposta também às expectativas dos irmãos e das irmãs, bem como às exigências morais e espirituais intrínsecas a cada um dos três conselhos evangélicos professados por vós com voto solene.[83]

A esse respeito, a vossa vida inteiramente doada adquire um forte sentido profético: sobriedade, desprendimento das coisas, entrega de si mesma na obediência, transparência nas relações, tudo para vós se tornou mais radical e exigente pela opção de renúncia também "ao 'espaço', aos contatos, a tantos bens da criação [...] como modo particular de dar o 'corpo'".[84] O fato de terdes escolhido uma vida recolhida torna-se sinal eloquente de fidelidade para o nosso mundo globalizado e habituado a deslocamentos sempre mais rápidos e fáceis, com o risco de nunca criar raízes.

---

[83] FRANCISCO, *Saudação no final da Santa Missa para as pessoas consagradas* (02/02/2016): L'Osservatore Romano (04/02/2016), 6; CIC cân. 599-601 e 1191-1192.

[84] VC, n. 59.

O próprio âmbito das relações fraternas tornou-se mais exigente pela vida claustral,[85] que impõe relações contínuas e estreitas nas comunidades. Podeis servir de exemplo e ajuda para o povo de Deus e a humanidade atual, marcada e às vezes dilacerada por tantas divisões, permanecer junto de seu irmão e de sua irmã, mesmo quando existem divergências a compor, tensões e conflitos a gerir, fragilidades a acolher. A ascese é um meio também para tomar contato com a própria fraqueza e confiá-la à ternura de Deus e da comunidade.

Finalmente, o empenho ascético é necessário para realizar com amor e fidelidade o próprio dever cotidiano, como ocasião de compartilhar a sorte de tantos irmãos no mundo e de oferta silenciosa e fecunda por eles.

O testemunho das monjas

36. Queridas irmãs, tudo o que deixo escrito nesta Constituição Apostólica constitui, para vós que abraçastes a vocação contemplativa, uma válida ajuda para renovar a vossa vida e a vossa missão na Igreja e no mundo. Possa o Senhor realizar nos vossos corações a sua obra e transformar-vos inteiramente nele, que é

---

[85] CNos, n. 10.

a finalidade última da vida contemplativa;[86] e que as vossas comunidades ou fraternidades sejam verdadeiras escolas de contemplação e oração.

O mundo e a Igreja precisam de vós, como "faróis" que iluminam o caminho dos homens e das mulheres do nosso tempo. Que essa seja a vossa profecia. A vossa escolha não é, como alguns pensam, uma fuga do mundo por medo. Vós continuais a estar no mundo, sem ser do mundo (Jo 17,16), e, embora separadas dele por meio de sinais que expressam a vossa pertença a Cristo, não cessais de interceder constantemente pela humanidade, apresentando ao Senhor os seus temores e esperanças, as suas alegrias e sofrimentos.[87]

Não nos priveis desta vossa participação na construção de um mundo mais humano e, consequentemente, também mais evangélico. Unidas a Deus, ouvi o clamor dos vossos irmãos e irmãs (Ex 3,7; Tg 5,4) que são vítimas da "cultura do 'descartável'",[88] ou que precisam simplesmente da luz do Evangelho. Exercitai-vos na arte de escutar, "que é mais do que ouvir",[89] e praticai a "espiritualidade da hospitalidade", acolhendo no vosso coração e levando à vossa oração tudo o que diz respeito

---

[86] CLARA DE ASSIS, *III Carta a Santa Inês da Boêmia*, 12-13: FF 2888; *IV Carta a Santa Inês da Boêmia*, 15.16: FF 2902.

[87] GS, n. 4.

[88] EG, n. 53 e 187.

[89] Ibidem, n. 171.

ao homem criado à imagem e semelhança de Deus (Gn 1,26). Como escrevi na Exortação Apostólica *Evangelii Gaudium*, "interceder não nos afasta da verdadeira contemplação, porque a contemplação que deixa de fora os outros é uma farsa".[90]

Assim, o vosso testemunho será como um complemento necessário ao testemunho daqueles que, contemplativos no coração do mundo, testemunham o Evangelho permanecendo plenamente imersos nas realidades e na construção da cidade terrena.

37. Queridas irmãs contemplativas, sabeis bem que a vossa vida, como qualquer outra forma de vida consagrada, "é um dom feito à Igreja, nasce na Igreja, cresce na Igreja, está inteiramente orientada para a Igreja".[91] Por isso, permanecei em profunda comunhão com a Igreja, para nela vos tornardes um prolongamento vivo do mistério de Maria virgem, esposa e mãe, que acolhe e guarda a Palavra para dá-la ao mundo, contribuindo para fazer nascer e crescer Cristo no coração dos homens sedentos, embora muitas vezes inconscientemente, daquele que é "o caminho, a verdade e a vida" (Jo 14,6). Como Maria, sede vós também "escada", pela qual desce Deus para encontrar o homem, e o homem

---

[90] Ibidem, n. 281.

[91] JORGE MÁRIO BERGOGLIO, *Intervenção a 13 de outubro de 1994 no Sínodo dos Bispos sobre A vida consagrada e a sua missão na Igreja e no mundo* (transcrita em "Vida Religiosa" 115, n. 7, jul.-set. de 2013).

sobe para encontrar Deus e contemplar o seu rosto no rosto de Cristo.

Conclusão: Disposições

À luz do considerado até aqui, disponho e estabeleço o que segue:

Art. 1. Nos termos do cân. 20 do CIC e considerados muito atentamente os 37 números anteriores, com a promulgação e a publicação da presente Constituição Apostólica *Vultum Dei Quaerere*, ficam derrogados:

1. Os cânones do CIC que, em parte, resultem diretamente contrários a qualquer artigo da presente Constituição;

2. E, de forma particular, os artigos dispositivo-normativos:

- da Constituição Apostólica *Sponsa Christi*, de Pio XII, *Statuta generalia Monialium* (21 de novembro de 1950);
- da Instrução *Inter Praeclara*, da Sagrada Congregação dos Religiosos (23 de novembro de 1950);
- da Instrução *Verbi Sponsa*, da CIVCSVA, sobre a vida contemplativa e a clausura das monjas (13 de maio de 1999).

Art. 2, § 1. Esta Constituição é dirigida tanto à Congregação para os Institutos de Vida Consagrada e Sociedades de Vida Apostólica quanto a cada um dos mosteiros femininos de vida contemplativa ou integralmente contemplativa, federados ou não federados.

§ 2. São matérias reguladas por esta Constituição Apostólica as elencadas anteriormente no n. 12 e desenvolvidas nos n. 13-35.

§ 3. A Congregação para os Institutos de Vida Consagrada e Sociedades de Vida Apostólica – de acordo, se necessário, com a Congregação para as Igrejas Orientais e a Congregação para a Evangelização dos Povos – regulará as diferentes modalidades de aplicação destas normas constitutivas, segundo as várias tradições monásticas e tendo em conta as diferentes famílias carismáticas.

Art. 3, § 1. Cada um dos mosteiros, através de estruturas adequadas que hão de especificar na elaboração do projeto de vida comunitária, cuide com particular atenção da formação permanente, que é de certo modo o fortalecedor de cada fase da formação, a começar da inicial.

§ 2. Para garantir uma adequada formação permanente, as federações promovam a colaboração entre os mosteiros, através do intercâmbio de material formativo e mediante o uso dos meios de comunicação digital, salvaguardando sempre a necessária discrição.

§ 3. Além da escolha cuidadosa das irmãs chamadas como formadoras a acompanhar as candidatas no percurso de amadurecimento pessoal, cada um dos mosteiros e as federações potencializem a formação das formadoras e suas colaboradoras.

§ 4. As irmãs chamadas a desempenhar o delicado serviço da formação podem, *servatis de iure servandis*, frequentar cursos específicos de formação mesmo fora do seu mosteiro, mantendo um clima adequado e coerente com as exigências do próprio carisma. A Congregação para os Institutos de Vida Consagrada e Sociedades de Vida Apostólica emanará normas particulares nesta matéria.

§ 5. Os mosteiros prestarão especial atenção ao discernimento espiritual e vocacional, assegurarão às candidatas um acompanhamento personalizado e promoverão itinerários formativos adequados, tendo sempre em mente que se deve reservar para a formação inicial um amplo espaço de tempo.

§ 6. Apesar de a constituição de comunidades internacionais e multiculturais manifestar a universalidade do carisma, deve-se absolutamente evitar o recrutamento de candidatas de outros países com o único objetivo de salvaguardar a sobrevivência do mosteiro. Sejam elaborados critérios para garantir o cumprimento disto.

§ 7. Para assegurar uma formação de qualidade, conforme às circunstâncias, promover-se-ão casas de formação inicial comuns a vários mosteiros.

Art. 4, § 1. Considerando que a oração é o coração da vida contemplativa, cada mosteiro verificará o ritmo da sua jornada para avaliar se o Senhor é o centro dela.

§ 2. Avaliarão as celebrações comunitárias, interrogando-se se são verdadeiramente um encontro vivo com o Senhor.

Art. 5, § 1. Dada a importância da *lectio divina*, cada mosteiro estabelecerá tempos e modos adequados para esta exigência de leitura/escuta, *ruminatio*, oração, contemplação e partilha da Sagrada Escritura.

§ 2. Considerando que a partilha da experiência transformadora da Palavra com os sacerdotes, os diáconos, as outras pessoas consagradas e os leigos é expressão de verdadeira comunhão eclesial, cada mosteiro especificará as modalidades desta irradiação espiritual *ad extra*.

Art. 6, § 1. Cada mosteiro, na elaboração do seu projeto comunitário e fraterno, além da cuidadosa preparação das celebrações eucarísticas, preveja correspondentes tempos de adoração eucarística, oferecendo também aos fiéis da Igreja local a possibilidade de tomarem parte neles.

§ 2. Tenha-se um cuidado particular na escolha dos capelães, confessores e diretores espirituais, considerando a especificidade do próprio carisma e as exigências da vida fraterna em comunidade.

Art. 7, § 1. Aquelas que são chamadas a exercer o ministério da autoridade, além de cuidar da sua formação, sejam guiadas por um verdadeiro espírito de fraternidade e serviço, para favorecer um clima jubiloso de liberdade e responsabilidade, de modo a promover o discernimento pessoal e comunitário, bem como a comunicação na verdade de tudo o que se faz, pensa e sente.

§ 2. O projeto comunitário acolha de bom grado e encoraje o intercâmbio dos dons humanos e espirituais de cada irmã, para o enriquecimento mútuo e o progresso da fraternidade.

Art. 8, § 1. À autonomia jurídica deve corresponder uma real autonomia de vida, que significa: um número mínimo de irmãs, desde que a maior parte não seja de idade avançada; a vitalidade necessária para viver e transmitir o carisma; a real capacidade formativa e de governo; a dignidade e qualidade da vida litúrgica, fraterna e espiritual; o caráter significativo e a inserção na Igreja local; a possibilidade de subsistência;

uma adequada estrutura do edifício monástico. Esses critérios devem ser considerados na sua globalidade e em uma visão de conjunto.

§ 2. Caso não subsistam os requisitos para a real autonomia de um mosteiro, a Congregação para os Institutos de Vida Consagrada e Sociedades de Vida Apostólica avaliará a oportunidade de constituir uma comissão *ad hoc* formada pelo Ordinário, a Presidente da federação, o Assistente federal e a Abadessa ou Prioresa do mosteiro. Em todo caso, essa intervenção tenha como objetivo pôr em prática um processo de acompanhamento para uma revitalização do mosteiro ou, então, para começar a fechá-lo.

§ 3. Esse processo poderá prever também a filiação a outro mosteiro ou a sua entrega à Presidente da federação, se o mosteiro é federado, com o seu Conselho. Em todo o caso, a última decisão compete à Congregação para os Institutos de Vida Consagrada e Sociedades de Vida Apostólica.

Art. 9, § 1. Por princípio, todos os mosteiros deverão fazer parte de uma federação. Se, por razões especiais, um mosteiro não puder ser federado, com o voto do Capítulo, peça-se a autorização à Santa Sé, à qual compete efetuar o discernimento adequado para consentir ao mosteiro não pertencer a uma federação.

§ 2. As federações poderão ser configuradas não preponderante nem unicamente segundo um critério geográfico, mas também pela afinidade de espírito e tradições. As modalidades para concretizá-lo serão indicadas pela Congregação para os Institutos de Vida Consagrada e Sociedades de Vida Apostólica.

§ 3. Será garantida, ainda, a ajuda na formação e nas necessidades concretas através do intercâmbio de monjas e a partilha de bens materiais, como dispuser a Congregação para os Institutos de Vida Consagrada e Sociedades de Vida Apostólica, que, além disso, estabelecerá as competências da Presidente e do Conselho da federação.

§ 4. Favorecer-se-á a associação, mesmo jurídica, dos mosteiros à Ordem masculina correspondente. Favorecer-se-ão também as Confederações e a constituição de Comissões Internacionais das diferentes Ordens, com estatutos aprovados pela Congregação para os Institutos de Vida Consagrada e Sociedades de Vida Apostólica.

Art. 10, § 1. Cada mosteiro, depois de um sério discernimento, respeitando a própria tradição e o exigido pelas Constituições, interpele a Santa Sé sobre a forma de clausura que quer abraçar, caso se peça uma forma diferente da que está em vigor.

§ 2. Uma vez escolhida e aprovada uma das formas previstas de clausura, cada mosteiro cuide de abraçá-la e viver o que a mesma comporta.

Art. 11, § 1. Embora algumas comunidades monásticas, de acordo com o direito próprio, possam ter rendimentos, todavia não se dispensem do dever de trabalhar.

§ 2. Para as comunidades dedicadas à contemplação, o fruto do trabalho não tenha como único objetivo garantir um condigno sustento, mas também, quando possível, atenda às necessidades dos pobres e dos mosteiros necessitados.

Art. 12. O ritmo diário de cada mosteiro preveja momentos oportunos de silêncio, de modo que seja favorecido o clima de oração e contemplação.

Art. 13. Cada mosteiro preveja, no seu projeto comunitário, os meios idôneos pelos quais se exprima o compromisso ascético da vida monástica, a fim de torná-la mais profética e credível.

Disposição final

Art. 14, § 1. A Congregação para os Institutos de Vida Consagrada e Sociedades de Vida Apostólica emanará, de acordo com o espírito e as normas da presente Constituição Apostólica, uma nova Instrução sobre as matérias enumeradas no n. 12.

§ 2. Uma vez adaptados às novas disposições, os artigos das Constituições ou Regras de cada um dos Institutos deverão ser sujeitos à aprovação da Santa Sé.

Dado em Roma, junto de São Pedro, no dia 29 de junho, Solenidade de São Pedro e São Paulo, do ano de 2016, o quarto do meu Pontificado.

Franciscus

Impresso na gráfica da
Pia Sociedade Filhas de São Paulo
Via Raposo Tavares, km 19,145
05577-300 - São Paulo, SP - Brasil - 2017